Ulrich Schmidel

Der erste Geschichtschreiber der La Plata-Länder (1535-1555)

Robert Lehmann-Nitsche

Alpha Editions

This edition published in 2022

ISBN : 9789356708976

Design and Setting By
Alpha Editions
www.alphaedis.com
Email - info@alphaedis.com

Contents

Vorwort zur ersten Auflage.

Wenig bekannt in weiteren Kreisen ist die älteste Geschichte Argentiniens, welche nicht lange nach der Entdeckung Amerikas ansetzt. Und doch verdienen gerade diese Zeiten genauer gekannt und gewürdigt zu werden; geben sie uns doch den Schlüssel zum Verständnis vieler politischer, wirtschaftlicher und sozialer Vorgänge der Gegenwart, welche den Europäer befremden. Aber ganz abgesehen davon, gehört es zur allgemeinen Bildung, wenigstens oberflächlich von den ältesten geschichtlichen Vorgängen der La Plata-Länder etwas zu wissen, und wir Deutsche sollten uns das ganz besonders zu Herzen nehmen; wie Federmann in Venezuela und Staden in Brasilien, so hat am Silberstrom Ulrich Schmidel seine Erlebnisse aufgezeichnet, und seine »warhafftige und liebliche Beschreibung etlicher furnemen Indianischen Landschafften und Insulen, die vormals in keiner Chronicken gedacht, und erstlich in der Schiffart Ulrici Schmidts von Straubingen, mit großer gefahr erkundigt, und von ihm selber auffs fleißigst beschrieben und dargethan« hat ihm die ehrenvolle Bezeichnung als ersten Geschichtschreiber der La Plata-Länder eingetragen.

Verfasser dieses Heftchens hält es daher nicht für überflüssig, aus der hauptsächlichsten Literatur und unter vielfach wörtlicher, nicht immer extra als solcher bezeichneten Übernahme wichtiger Stellen eine übersichtliche Darstellung jener alten Vorgänge vorzulegen, welche allen denen willkommen sein dürfte, welche sich darüber orientieren wollen.

PACOS oder AMIDA. Ein Indianisch Schaf.
C.p.4
·13·

Vorwort zur zweiten Auflage.

Die Ende 1909 in Buenos Aires gedruckte erste Auflage wurde nur in 300 Exemplaren hergestellt und war bald vergriffen. Dem Deutschtum im Auslande könnte aber wohl gedient werden, wenn die Kenntnis von dem wackeren Ulrich Schmidel in den weitesten Kreisen verbreitet würde, und so ließ ich die vorliegende zweite Auflage anfertigen. Geändert wurde nur der Titel, wo die Jahreszahlen 1535–1555 zugefügt wurden. Sonstige Änderungen an dem ganz volkstümlich gehaltenen Heftchen vorzunehmen, lag keine Veranlassung vor.

Möge die deutsche Kolonie zu Buenos Aires bei passender Gelegenheit sich ihres Landsmannes entsinnen. Mögen die vorliegenden bescheidenen Zeilen diese Anregung in weite und denkende Kreise tragen!

Buenos Aires, 14. September 1911.

Der Verfasser.

I.

»Als Columbus«, so beginnt Kohl sein schönes Buch, »im Jahre 1492 von Europa aussegelte, um auf einem nach Westen gerichteten Seewege die vielgepriesenen, volk- und produktenreichen Länder des östlichen und südlichen Asiens (Japan, China, den ostindischen Inselarchipel) zu erreichen, lag vor seinem Geiste als Fahrstraße ein ganz freier Ozean, ein weites Meer, wie er es sich zwischen beiden Weltteilen dachte.« Es ist bekannt, daß er bei seiner Ankunft in den Antillen glaubte, in der Tat schon diese breite Wasserkluft übersegelt zu haben und mitten zwischen den ostasiatischen Inseln in der Nähe von Japan oder in Japan selbst angelangt zu sein. Auf seinen weiteren Reisen fand er aber immer wieder den Zugang zu den reichen Provinzen des »Groß-Chans« (Kaisers von China) durch eine Barriere verschlossen, und seine Hoffnung, eine freie Durchfahrt, eine Meerenge nach Westen und Asien zu finden, wurde stets getäuscht. Auch alle ihm nachfolgenden Seefahrer ahnten anfänglich noch nichts von einem zusammenhängenden kolossalen Festlande, hielten vielmehr die von ihnen entdeckten Länder für Inseln von größerem oder geringerem Umfange.

»Da man nach den Reisen des Columbus und seiner Zeitgenossen«, schließt Kohl diesen Abschnitt, »erfahren hatte, daß man im Karaibischen Meere in Central-Amerika mit Schiffen schwerlich durchkommen könne, so hoffte man denn auf solche Durchlasse im Norden und im Süden dieser Central-Partie, auf die Möglichkeit einer Durch- oder Umsegelung sowohl des nördlichen als auch des südlichen großen Länder-Flügels, und es entstanden so die viele Jahre lang fortgesetzten Bestrebungen zu der Auffindung einer nordwestlichen und einer südlichen Durchfahrt vom Osten zum Westen. Beide gaben Anlaß zu ganz großartigen Expeditionen, die allmählich die richtige geographische Kenntnis des Nordens und Südens Amerikas herbeiführten.«

Hier interessiert uns nur der Süden. Aus diesen Bestrebungen erklärt sich die Entdeckung Brasiliens durch den Portugiesen Cabral (1500); die portugiesische Expedition zur Fortsetzung dieser Entdeckung, an welcher Vespucci teilnahm und welche ihn, was irrtümlich sein dürfte, sogar bis zum 52° südl. Br. geführt haben soll (1501); und die Expedition des Gonzalo Coelho (1503), welche allerdings unglücklich verlief und nur das jetzige Bahia erreichte. Schließlich auch die Reise des Spaniers Juan Díaz de Solís, welcher den Rio de la Plata entdeckte und dessen Persönlichkeit das folgende Kapitel behandeln soll.

II.

J u a n   D í a z   d e   S o l í s ist Spanier, angeblich aus Lebrija in Andalusien, dessen Leben erst bekannt wird, als nach Columbus' Rückkehr von seiner vierten Reise (1504) Ferdinand V. ihn und Vicente Yañez Pinzón mit einer Expedition nach Central-Amerika (1506) beauftragt, um jene Erforschungen fortzusetzen. Zwei Jahre später (1508) wurde er zum Piloto Real ernannt und gemeinsam mit Pinzón und Vespucci geht es nun weiter nach Süden, um da eine Umsegelung Südamerikas zu versuchen. Der Küste Brasiliens folgend, gelangten sie angeblich bis zum 40° südl. Br., es scheint aber nicht, als ob sie schon damals den La Plata entdeckt oder erkannt hätten. Nach seiner Rückkehr verklagt und verhaftet, trat Solís in portugiesische Dienste über, kehrte aber später nach Spanien zurück und wurde nach Vespuccis Tode (1512) an dessen Stelle zum »Piloto Mayor del Reino« ernannt; wegen seiner wissenschaftlichen Verdienste sah man hierbei von den gesetzlichen Bedingungen ab. Da er glaubte, daß das Gebiet der Molukken noch innerhalb der spanischen Besitzungen liege, so beauftragte ihn der König mit einer Expedition, aber die portugiesische Regierung reklamierte und es ist zweifelhaft, ob diese für 1512 geplante Reise zur Ausführung kam.

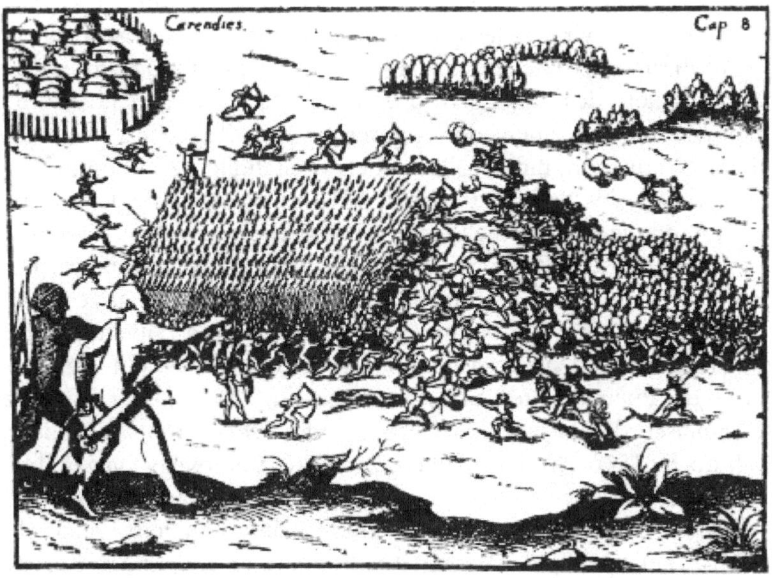

Kampf mit den Kerandís bei Buenos Aires (1536).

Inzwischen entdeckte im Jahre 1513 Vasco Nuñez de Balboa die Südsee beim Überqueren des Isthmus von Panamá, und die später in Spanien eintreffenden Nachrichten über »Gold-Castilien«, alles Land, welches im Süden des Isthmus von Panamá lag, veranlaßten Ferdinand V., einerseits dem Gouverneur jenes Landes den Bau von Schiffen zur Erforschung der neuentdeckten Westküsten aufzutragen, andererseits mit Solís wegen einer Expedition Rücksprache zu nehmen, welche eine Durchfahrt nach der Südsee finden sollte, um die spanischen Schiffe in den Rücken von Gold-Castilien führen zu können (llevar las naves españolas á espaldas de Castilla del Oro). Gewiss war Solís selbst an solcher Reise interessiert, wenn auch nicht durch egoistische Motive, wie Fregeiro betont; er verlangte vom König nicht die geringste Vergünstigung, nur seinen Gehalt für anderthalb Jahre voraus. Am 8. Oktober 1515 segelte er mit drei Schiffen von San Lucar ab, lief noch die Canarischen Inseln an und sichtete schließlich das Cap San Roque an der brasilianischen Küste (5° südl. Br.), welche er nun südwärts herabfahrend genauer erforschte, so den Hafen von Rio de Janeiro und Santos. Am 2. Februar 1516 nahm er den »Puerto de Nuestra Señora de la Candelaria«, heute Montevideo, feierlichst für Spanien in Besitz. Die Fahrt ging dann weiter; am 12. März umschifften sie das Steilufer von San Gregorio und »fuhren dann in ein Gewässer ein, welches sehr groß und nicht salzig war und das sie deshalb das ›Süße Meer‹ (›Mar Dulce‹) nannten, anscheinend der Fluß, der heute La Plata und damals Solís genannt wurde«, schreibt der Chronist Herrera (wir werden gleich sehen, worauf dieser Namenswechsel zurückzuführen ist). Die Einzelheiten, welche Solís nun im nördlichen Mündungsgebiet des heutigen La Plata erforschte, sind zum Teil widersprechend und auch den modernen Schriftstellern, welche diese Angaben nachprüften, nicht vollkommen verständlich; es kommt hier auch nicht darauf an. Als Solís Mitte März 1516 mit einigen Begleitern in einer Barke an Land ging, fielen die Guaraní-Indianer über sie her, töteten sie mit Pfeilschüssen, ohne daß die Schiffsartillerie dies hätte verhindern können, »schleppten nun die Getöteten landeinwärts und angesichts der Schiffsbesatzung schnitten sie ihnen Köpfe, Arme und Füße ab, brieten die ganzen Körper und verspeisten sie« (Herrera). Nur ein Schiffsjunge, Francisco del Puerto, wurde am Leben gelassen (s. w. u.). Der Schwager des Solís, Francisco de Torres, übernahm nun das Oberkommando und kehrte im Oktober 1516 nach Spanien zurück; unterwegs gegenüber der brasilianischen Küste an der noch heute so genannten »Ponto dos Naufragados« in der Nähe der Insel Santa Catalina scheiterte noch eins der drei Schiffe, neun Mann der Besatzung konnten sich aber an Land retten und wurden von den Guaranís freundlich behandelt; diese erzählten ihnen, daß es ganz weit im Westen eine Gegend gäbe, sehr reich an kostbaren Metallen (das heutige Bolivien). Begeistert von diesen Erzählungen, nannten sie daher jene Gegend die »Sierra de la Plata« und bald machten sich auch sechs von ihnen auf, sie zu suchen. Unter Führung des Portugiesen Alejo García zogen sie ins heutige Paraguay, begleitet von 2000 Indianern, kämpften oder verhandelten mit den Indianerstämmen des Chaco, die sie antrafen, und erreichten als erste Europäer schließlich das Land der Inkas. Die bolivianischen Indianer aber zwangen sie zur Rückkehr, die sie in guter Ordnung mit silbernen und goldenen Wertsachen beladen antraten. Von Paraguay aus, wo sie blieben, sandten sie ihren zwei zurückgebliebenen Gefährten Briefe und drei Arrobas Silber, auch Goldsachen. Der Kapitän Rodrigo de Acuña, der im Juni 1526 zu jener Küste kam, wollte jene Sachen mit nach Spanien nehmen, das Boot kenterte aber wegen des hohen Seeganges und es wurde fast nichts von dem kostbaren Metalle gerettet, aber wenigstens kam das Gerücht von einer Gegend mit vielem Silber nach Spanien. Diese für die Entdeckungsgeschichte sehr wichtigen Angaben sind erst neuerdings von Dominguez richtig beleuchtet worden; sie sind für die allgemeine Erdkunde von Wichtigkeit, weil dadurch ein Teil der Seefahrer von der Reise nach »Malucos« (»voy á Malucos«), deren Zugang Magallanes bald entdecken sollte, abgelenkt und nach jenen »Silberländern« geleitet werden sollte.

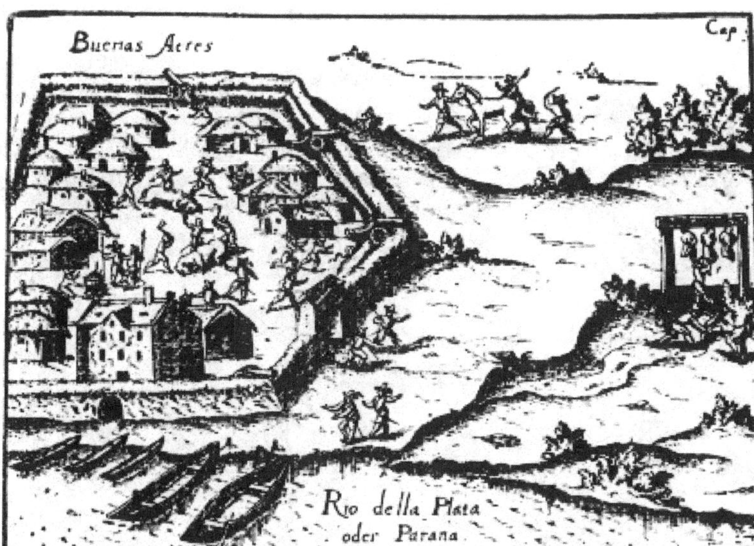

Große Hungersnot in Buenos Aires (1536).

III.

Die weltberühmte Fahrt des Fernando de Magallanes und die Lösung des so lang ersehnten geographischen Problems durch ihn ist so bekannt, daß wir hier von einer wenn auch nur kurzen Schilderung absehen können. Interessant für die Zwecke dieser Zeilen sind gewisse Einzelheiten seiner Reise; am Abend des 13. Januar 1520 fuhren die Seefahrer ein in den Rio de Solís, segelten zwei Tage und sichteten »einen Berg ähnlich einem Hute« (»una montaña hecha como un sombrero«), den sie »Monte Vidi« nannten. Magellanes ließ durch seine Schiffe darauf die **gesamten** Küsten und Zuflüsse jenes mächtigen Beckens erforschen, um eine Durchfahrt zu finden, und segelte Anfang Februar nach Süden weiter. Seiner Tatkraft gelang es, bis zu den Philippinen zu dringen, wo er am 27. April 1521 durch die Eingeborenen den Tod finden sollte; 18 erschöpfte Seefahrer unter dem Kommando des Sebastian del Cano langten schließlich als erste Weltumsegler auf einem Schiffe, der Victoria, am 6. September 1522 in Spanien wieder an.

Sturm auf Buenos Aires durch die vier verbündeten Indianerstämme (23 000 Mann) 1536.

Während Loaisa (1525–1526) die Fahrt durch die heute nach ihrem Entdecker benannte Magellanstraße wiederholte, wurde im Frühling des

Jahres 1526 der Venezianer Sebastian Cabot, spanisch Gaboto, von Sevilla ausgesandt, um durch die Magellanstraße zur Südsee, zu den Molukken und »nach Ophir, China und Japan« zu gehen. Aber bei seiner Ankunft in Pernambuco (6. Juni 1526) erfuhr er durch den Geschäftsführer der Faktorei, Manuel de Braga, von den vermeintlichen Reichtümern des von Juan Díaz de Solís entdeckten Landes und diese Angaben wurden ihm von einem andern Portugiesen Gomez Arbolancha bestätigt, der dort in der Verbannung lebte. Auf seiner Weiterfahrt stieß dann Cabot bei der Insel Santa Catalina auf einen Trupp portugiesischer Seeleute und Soldaten, die von einem zur Flotte des Loaisa gehörenden Schiffe desertiert waren, welches unter dem Kommando des Rodrigo de Acuña nach Spanien zurückkehrte und, wie wir schon sahen, die Nachrichten von einem Silberlande mit nach drüben nahm. Cabot sprach auch jene zwei an der Küste gebliebenen Gefährten des Alejo García, welche ehemals zur Expedition des Solís gehört hatten, und diese erzählten ihm natürlich auch von den Schätzen, die sie aus dem Innern von ihren Kameraden erhalten hatten, und die Acuña hatte mitnehmen sollen. Cabot gab daher auf Grund dieser Nachrichten und gewiß auch wegen Zwistigkeiten mit seinen Kapitänen den ursprünglichen Reiseplan auf und segelte nach dem Río de Solís, wo er am 17. April 1527 an der östlichen Küste gegenüber der Insel Martín García ankerte. Hier fand er jenen Francisco del Puerto wieder, der nicht wie Solís und seine Gefährten dem Kannibalismus zum Opfer gefallen war und die Guaraní-Sprache erlernt hatte. Dieser erklärte, um zum Goldlande zu kommen, müsse man den Paraná herauffahren bis zum Carcarañá, der von den Bergen des Innern herabkomme. Cabot folgte diesem Rate und an besagter Stelle gründete er am 27. Mai 1527 das Fort »Sancti Spiritus«, die erste spanische Niederlassung auf heute argentinischem Boden, ein guter Stützpunkt für weitere Stromfahrten nach dem Innern, heute nur durch einen Rancho gekennzeichnet (s. den Aufsatz von Outes). Von hier machte Cabot eine große Stromfahrt Paraná aufwärts bis zum heutigen Itatí, von den Guaranís gastlich mit Proviant versorgt, die Nachrichten von der Herkunft einiger Silber- und Goldsachen veranlaßten ihn aber, am 28. März 1528 wieder zurück und in den Paraguay einzufahren. Durch Vermittlung der Indianer erfuhr er von der Ankunft des Diego García am Río de Solís, welcher kurz nach Cabot von Spanien abgereist war, nun auch nach »Sancti Spiritus« gelangte und von hier am 10. April auch den Paraná aufwärts fuhr. Cabot hatte inzwischen einen Bergantinführer den Río Bermejo vorausgesandt, um mit den Agaes (Payaguas) friedlich zu verhandeln, da diese viel Geld und Silber haben sollten, die Indianer schickten aber die Abenteurer übel zurück und Cabot kehrte wieder um, begleitet von Diego García, mit dem er sich auf dem Paraná getroffen hatte. In Sancti Spiritus, wo sie Ende April 1828 anlangten, kam es bald zwischen beiden Führern zu Differenzen; Cabot sandte Nachricht nach Spanien und hielt den Diego García fest, beide machten aber schließlich doch gemeinsam eine neue Reise den Paraná und Paraguay aufwärts, wahrscheinlich bis zur Mündung des Pilcomayo. Nach Sancti Spiritus zurückgekehrt, fuhren sie bald weiter flußabwärts bis zu einer San Salvador genannten Stelle, während ihrer Abwesenheit wurde aber das Fort von den Indianern gestürmt (Ende August oder Anfang September 1529) und die Hälfte der Besatzung umgebracht; die andere floh flußabwärts bis San Salvador. Cabot und García kehrten zwar noch einmal zum zerstörten Fort zurück, warteten dann aber in San Salvador auf Hilfe aus Spanien, und da diese ausblieb, fuhren sie Ende Dezember 1529 heim, Silbersachen und Indianersklaven mitbringend. In dem gegen Cabot eingeleiteten Verfahren wurden dann die oben skizzierten Vorgänge klar gestellt.

Das Fort Buena Esperanza (1536).

Die Expedition des Portugiesen Martim Affonso de Sousa hatte den Zweck, Gold und Silber zu holen aus dem Lande, von dem nun nach Cabots Rückkehr die ganze iberische Halbinsel sprach. Er fuhr die ganze brasilianische Küste herab und hielt sich Ende 1531 auch im La Plata-Becken auf, hatte aber mit Unfällen zu kämpfen und kehrte wieder nach Portugal zurück. Sein unberechtigtes Eingreifen in spanisches Gebiet hatte diplomatische Reklamationen zur Folge.

IV.

Die Nachrichten von dem Reichtume der neuen Länder, von denen wir schon gesprochen haben, neu geschürt durch die Heimkehr des goldbeladenen Pizarro aus Perú, veranlaßten eine Menge Projekte am spanischen Hofe. Schließlich erhält Don Pedro de Mendoza den offiziellen Auftrag, »ir á conquistar y poblar las tierras y provincias que hay en el río de Solís, que llaman de la Plata, y por allí calar y pasar la tierra hasta llegar á la Mar del Sur« (»auszuziehen, um die Länder und Provinzen am Río de Solís, der Silberstrom genannt wird, zu erobern und zu kolonisieren, und daselbst einzudringen und über Land zur Südsee zu gelangen«). Wenn also auch zum ersten Male von Kolonisieren die Rede ist, so war für Mendoza die Haupttriebsfeder sicher der Gedanke, zur Sierra de la Plata zu gelangen, und so versteht sich seine großartige Expedition, welche für die spätere Geschichte der »Silberländer« oder »La Plata-Staaten« von fundamentaler Bedeutung werden sollte; man kann sagen, daß sie damit eigentlich anhebt (siehe P. Larrouy).

Riesenschlange von 25 Fuß Länge am Paraná (1539).

Über diese so wichtige Expedition sind wir vorzüglich unterrichtet durch einen deutschen Landsknecht Ulrich Schmidel aus Straubing, welcher mit dabei gewesen war und nach glücklicher Heimkehr alles sorgfältig zu

Papier brachte sine ira et studio; sein Werk bildet so die unparteiische Darstellung jener hochwichtigen Vorgänge, von welcher aus die persönlich gefärbten Berichte der einzelnen Heerführer richtig beurteilt werden können. Ulrich Schmidel ist daher **»der erste Geschichtschreiber des Rio de la Plata«**; niemand Geringerer als Don Bartolomé Mitre hat in einem prächtigen Werke seine Verdienste hervorgehoben, und sämtliche argentinischen Geschichtsschreiber nehmen sein Buch als Grundlage ihrer Schilderung der ältesten geschichtlichen Ereignisse auf heut argentinischem Boden. Doch davon noch zum Schlusse dieser Zeilen. Geben wir das Wort zunächst Mondschein, der uns über die Persönlichkeit des Mannes im Jahre 1881 unterrichtet hat.

Die Carios in Paraguay (1539).

»Ulrich Schmidel stammte aus einer hochangesehenen Patrizierfamilie Straubings, die mit dem ältesten Ratsgeschlechte der Stadt, den Zellern, vielfach verschwägert war. Ein Schmidel erscheint zuerst nach einer allerdings nicht verbürgten Angabe anno 1364, in welchem Jahre ein Peter Schmidel gestorben sein soll. Von der Mitte des 15. Jahrhunderts begegnen uns Mitglieder der Familie häufig als Lehenträger der Azlburg bei Straubing, sowie in den höchsten gemeindlichen, herzoglichen und bischöflich-augsburgischen Ämtern, als Zechverweser, fürstlicher Rat, Zollner, Symonkastner. Die Familie lieferte der Stadt nachweisbar von 1449–1535 nicht weniger als 15 Stadtkämmerer oder Bürgermeister. Durch den stets geldbedürftigen Kaiser Friedrich III. erhielt sie ein Wappen verliehen, einen nach links gewendeten schwarzen Stierrumpf im weißen Felde, eine Krone um die Hörner. 1506 befand sich Wolfgang Schmidel als Bürgermeister der Stadt mit unter den Abgeordneten, welche zum Vergleiche am Schlusse des Landshuter Erbfolgestreites in diese Stadt zusammenberufen worden waren. Über die späteren Schicksale der Familie ist wenig bekannt. Ein Joh. Georg Joseph Schmidel in Straubing wird durch Kaiserliche Ernennung vom 12. August 1696 geadelt, in Bayern bestätigt und »von« bewilligt am 26. Mai 1698. Ein Zusammenhang mit dem alten Ratsgeschlechte war nicht nachzuweisen, vielmehr scheint nach dem bisherigen Stande der Kenntnis die Familie mit dem unverheirateten Ulrich Schmidel, in der Hauptlinie wenigstens, zu Regensburg ausgestorben zu sein.

Kampf bei Lambaré (Asunción) mit den Carios (1539).

Das Geburtsjahr Ulrich Schmidels ist nicht bekannt, ebensowenig wie sein Sterbejahr, da leider die Geburts- und Sterbematrikeln der Straubinger Pfarrämter nicht so weit zurückreichen. Über seine Jugend ist nichts bekannt, doch scheint er eine bessere Erziehung genossen und eine lateinische Schule besucht zu haben ...... Sein Vater war Wolfgang Schmidel, der dreimal als Bürgermeister der Stadt, als Lehensträger der Azlburg, des Spitales und des dem Domkapitel Augsburg zustehenden Zolles erscheint; unser Ulrich ist wahrscheinlich zwischen 1500 und 1511 in einer zweiten Ehe seines Vaters geboren, hatte aber beim Antritt seiner Reise ein Alter von wenigstens 24 Jahren, was recht gut annehmbar erscheint. »Ulrich hatte 2 Brüder, Friedrich und Thomas, welch letzterer viermal als Bürgermeister der Stadt und später als Rat erscheint.« Mondschein fügt diesen Angaben noch eine Stammtafel des Geschlechtes Schmidel bei.

»Über die Gründe,« fährt Mondschein fort, »die Ulrich Schmidel bewogen, an der Expedition Mendozas teilzunehmen und wie er nach Antwerpen kam, gibt er selbst keinen Aufschluß, die Angabe Gumpelzhaimers, er sei als **Handelsbeflissener** dahin gekommen, entbehrt zwar nicht der Wahrscheinlichkeit, ist aber nur mit dem allgemeinen Hinweis auf die vorhandenen Akten (wo?) und auf seine Reisebeschreibung begründet.« Ich füge ergänzend zu, daß auch Dominguez im Vorworte zu seiner englischen Übersetzung auf die gleiche Vermutung kam. »Dafür, daß ihn die Lust an Abenteuern vom stillen Strand der Donau in die Ferne trieb, spricht auch, daß er als gemeiner Soldat Dienste nahm, wie er denn auch nie ein Kommando inne hatte ...... Aber wenn auch nur gemeiner Soldat, war Ulrich Schmidel gewiß ein tüchtiger Kriegsmann, wie niemand in Abrede stellen wird, der sein Werk zur Hand genommen. Als Hauptmann Gonzalo Mendoza sich sechs tüchtige Soldaten zu einer Meerfahrt auswählte, nahm er Schmidel nebst fünf Spaniern, und während einer Unternehmung wird er einmal neben dem Hause des befreundeten indianischen Häuptlings »einfuriert«. Bei dem späteren Zuge nach Perú waren viele Leute vor Durst umgekommen und als die Eroberer in ein Dorf kamen, wo nur ein einziger Brunnen vorhanden war, wurde Schmidel die Wache an demselben übertragen, wobei er bei Edel und Unedel, bei männiglich große Gunst und Gnade erlangte, denn er war damit nicht zu »genausichtig«. Als er endlich nach 19jährigem Aufenthalte im Lande, wobei er anscheinend noch keineswegs an die Heimkehr dachte, einen Brief seines Bruders Thomas aus Straubing erhielt und daraufhin Urlaub begehrte, wollte ihm der Befehlshaber Irala denselben anfangs nicht gewähren, offenbar weil er den kriegserfahrenen Schmidel ungern entbehrte. Welch verwegene Kühnheit aber in diesem Manne steckte, das zeigte er in dem Entschlusse, den er auch glücklich durchführte, den Weg von Asunción nach San Vicente, wo eben ein portugiesisches Schiff lag, zu Lande zu nehmen. Ein einzelner Mann und 20 Indianer, wozu sich noch vier Deserteure gesellten, zog er ohne Weg noch Steg über Berg und Tal, durch dichte Urwälder und zahlreiche Sümpfe mitten durch Indianerstämme hindurch, die zwei seiner Gefährten auffraßen, ein Schicksal, das auch ihm drohte, 376 Meilen weit an die Küste. Sein früherer Oberbefehlshaber, Alvar Nuñez Cabeza de Vaca hatte mit 250 Mann fast denselben Weg genommen, dabei aber nahezu die Hälfte infolge der Strapazen verloren. Schmidel war in der Tat vom Glück in hohem Maße begünstigt.« ....

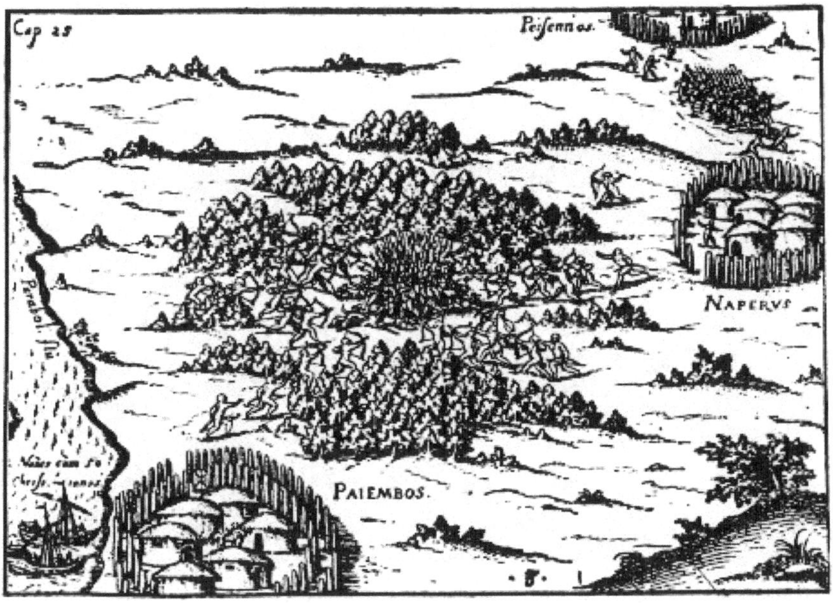

Vernichtung der Expedition des Ayolas im westlichen Paraguay durch die Indianer (1540).

Am 24. Juni 1553 verließ dann Schmidel in San Vicente an der brasilianischen Küste die Länder, in welchen er durch achtzehn seiner besten Jahre ein rauhes Kriegsleben geführt. Nach viermonatlicher Überfahrt, auf welcher Spiritu Santo in Brasilien und die Azoreninsel Tercera angelaufen wurde, ward Lissabon erreicht. Schmidel begab sich von hier per Post nach Sevilla zu den Räten Sr. Majestät (des Indienhauses), der berühmten Casa de Contratación, seinen Auftrag auszurichten und seinen Brief Iralas abzugeben. Nach vierwöchentlichem Aufenthalt reiste er über San Lucar nach Cadix, um sich hier auf einem holländischen Fahrzeuge nach Antwerpen einzuschiffen und ließ alle seine Habe an Bord bringen. Der Schiffer, der dieselbige Nacht etwas zu viel gezecht hatte, stach ohne ihn in See, das Schiff ging aber durch ein merkwürdiges Mißgeschick bei Cadix zugrunde. »Durch einen glücklichen Zufall kam so zwar Schmidel mit dem Leben davon, aber er verlor durch diesen Schiffbruch all sein Hab und Gut, Papageien und was er sonst seiner staunenden Vaterstadt zu zeigen vorhatte, so daß er nach der glücklich vollbrachten Seefahrt über die Insel Wight und die Stadt Arnemniden den Boden des Vaterlandes zu Antwerpen, am 26. Januar 1554, ebenso arm betrat, wie er war, als er 20 Jahre früher davon wegfuhr.« »Er kam gerade noch rechtzeitig genug, um den Bruder am Leben zu treffen, der schon am 20. September desselben Jahres das Zeitliche segnete.«

Verrat der Timbú und Sturm auf Corpus Christi (Buena Esperanza) 1539.

Schmidel wurde durch die Erbschaft wohlhabend und blieb nun die nächsten Jahre in Straubing, wo er seine Muße mit der Abfassung seiner Reisebeschreibung ausfüllte. Wenigstens ist dies wahrscheinlicher, als daß er 1562 bis 1563 in Regensburg daran schrieb. 1562 wurde er nämlich als Anhänger der Lehre Luthers nebst anderen Straubinger Bürgern von Herzog Wilhelm ausgewiesen; »als der letzte seines Stammes verließ er die Vaterstadt, in der Brüder, Vater, Großvater, alle seine Ahnen, soweit sie bekannt, die einflußreichsten Stellen bekleidet hatten, und begab sich mit anderen nach der benachbarten duldsamen freien Reichsstadt Regensburg.«

Am 21. Mai 1563 wurde er in Regensburg als Bürger aufgenommen. Er war sehr geachtet und kaufte sich ein Haus, das heute noch steht und durch eine Denktafel gekennzeichnet ist. Noch heute werden von dem jetzigen Besitzer desselben eine Anzahl Kuriositäten aufbewahrt, die wohl aus dem Nachlasse Schmidels stammen. Hier in Regensburg nun »verlebte Ulrich Schmidel, der letzte seiner Familie, in Ruhe den Rest seines vielbewegten Lebens, in Regensburg muß er auch begraben sein. Sein Todesjahr ist ebensowenig bekannt wie sein Geburtsjahr.«

Lassen wir nun inhaltlich Schmidels Buch an uns vorüberziehen; genauer darauf einzugehen ist bei dem langen Zeitraum von 20 Jahren, den es behandelt, und bei der Fülle der Vorkommnisse gar nicht möglich; wir wollen ja auch nicht die älteste Geschichte der La Plata-Länder schreiben, sondern auf die fundamentale Wichtigkeit von Schmidels Werk hinweisen. Ich lasse mich im folgenden hauptsächlich von Mondschein und Langmantel führen.

Schmidel reiste 1535 von Antwerpen nach Cadix. »Bei ernennter Stadt Cadix sind gewest 14 große Schiff, von aller Munition und Notdurft wohl gerüst, die haben wollen fahren nach Rio de la Plata in Indiam. Auch sind allda gewesen 2500 Spanier und 500 Hochdeutsche, Niederländer und Sachsen und unser aller oberster Hauptmann, welcher mit seinem Zunamen geheißen Don Pedro Mendoza.

Unter diesen 14 Schiffen hat eins gehört den Herren Sebastian Neithart und Jakoben Welser zu Nürnberg, so ihren Factor Heinrich Paimen mit Kaufmannschaft nach Rio de la Plata geschickt. Mit denen bin ich und andere Hochdeutsche (und) Niederländer, ungefähr bis in die 80 Mann, wohl gerüst mit Büchsen und Gewehr, nach Rio de la Plata gefahren.«

Wir Deutsche hier am La Plata lesen mit Rührung die schlichte Nachricht vom **ersten deutschen Handelsschiffe**, welches herkam; der Anteil der Welser an der Entdeckung Südamerikas und ihre Besetzung Venezuelas ist ja bekannt.

Schiffbruch bei San Gabriel; Schmidel wird gerettet (1538).

Nachdem so Mendoza die Streitkräfte für sein Unternehmen in Cadix gesammelt, fuhr die Flotte am 24. August 1535 von Sevilla ab, mußte aber noch einen achttägigen, durch ungünstigen Wind veranlaßten Aufenthalt in San Lucar de Barrameda nehmen. Auf den Kanarischen Inseln blieben sie ebenfalls vier Wochen; eine Liebesgeschichte brachte hier das deutsche Schiff und den Heinrich Paimen in Gefahr; Don Jorge Mendoza, ein Vetter des Oberbefehlshabers, der sich an Bord desselben befand, entführte nächtlich ein Mädchen und die Kanarier beschossen darauf das Schiff mit Kanonen; nur dadurch, daß der Entführer das Mädchen für seine legitime Frau erklärte und zurückbleiben mußte, wurde die Sache beigelegt; »nach dem ließen wir Don Jorge Mendoza und seine Hausfrau an Land, denn unser Hauptmann wollt ihn nit an seinem Schiff mehr haben.« Endlich geht es weiter zu den Capverdischen Inseln, zur Insel Fernando Noronha und nach Rio de Janeiro; hier ernennt der Oberbefehlshaber den Juan de Osorno, seinen »geschworenen Bruder«, zum Maestro de Campo, da er selbst »allzeit contract, schwach und krank war«, läßt ihn aber auf falsche Anschuldigung hin bald darauf töten.

Die Reise geht nun weiter in die Mündungsbucht des Río de la Plata; bei San Gabriel (heute Colonia) im Gebiete der Charrúas landen sie am 6. Januar 1536, suchen aber bald eine neue Stelle auf der Südseite des Golfs im Gebiete der Kerandís (März 1536); an der Mündung des Riachuelo, der damals diesen Namen bekam, »haben wir eine Stadt gebaut, hat geheißen Buenos Ayres, das ist auf deutsch: **Guter Wind.** Wir haben auch 72 Pferd und Stuten aus Hispanien auf den 14 Schiffen gebracht.« Es ist bekannt, daß diese Pferde sich zahllos vermehrten und in wilden Herden sich bald im ganzen Land verbreiteten. Der Name der Niederlassung, ehemals vollständig **Nuestra Señora Santa Maria de Buen Ayre** oder **Nuestra Señora de Buenos Ayres**, wurde ihr gegeben zu Ehren von »Nuestra Señora de Buen Ayre«, welcher schon vor der Entdeckung Amerikas in der Triana genannten Stadtgegend Sevillas und am Ufer des Guadalquivir ein Hospital nebst Kapelle geweiht war und deren Kultus eine »Bruderschaft der Seeleute« übernommen hatte; hatten ja Seeleute bei der damaligen Schiffahrt ein berechtigtes Interesse an günstigen Winden! Die in deutschen Kreisen übliche Übersetzung als »Stadt der guten Lüfte« ist daher unsinnig, wird allerdings entschuldigt durch die weitbekannte, phantastische Angabe des Dichters Ruy Díaz de Guzmán (der auch sonst unzuverlässig ist): der erste, welcher an Land sprang, ein gewisser Sancho del Campo, habe angesichts der Reinheit und Frische der Luft ausgerufen: »Qué buenos aires son los de este suelo!« (Wie gut sind die Lüfte in diesem Lande!)

Der Tag dieser ersten Gründung der Stadt ist nicht bekannt, es war etwa Mitte März 1536 (Schmidel rechnete nach einem anderen Kalender und schreibt 1535, wie man es noch irrtümlicherweise vielfach antrifft; die meisten Jahreszahlen Schmidels müssen um ein Jahr weiter datiert werden, wie es Lafone Quevedo festgestellt hat).

Mit Hernando Ribero auf dem Zuge zum Silberland (1543).

Der Verkehr mit den Eingeborenen, den Kerandís, war anfangs friedlich; als diese aber einmal nicht ins Lager kamen, wurde der Oberrichter Pavón mit zwei Knechten zu ihnen geschickt, »hielten sich aber dermaßen, daß sie alle drei wohl abgebläut wurden und schicktens alsdann wieder heim in unser Lager«.

»Daraufhin«, excerpiert Mondschein, »schickte Mendoza seinen Bruder mit 300 Landsknechten (unter ihnen auch Schmidel) und 30 Reitern gegen die Indianer mit dem Befehle, sie alle tot zu schlagen. Diese, in einer Anzahl von 4000, stellten sich derartig zur Wehr, daß sie den Spaniern sechs Edelleute mit ihrem Führer, dem Admiral Don Diego de Mendoza, und zwanzig Knechte erschlugen. Die Reiter überwanden sie vermittelst steinerner Kugeln, die an einer langen Schnur befestigt waren (Boleadoras) und mit denen sie die Pferde zu Falle brachten, die Knechte erschossen sie mit Speeren. Die Indianer ergriffen zuletzt, nachdem sie tausend der Ihrigen verloren, die Flucht und die Spanier drangen, ohne Gefangene zu machen, in den Flecken ein. Nach der Rückkehr ins Lager wurde die Mannschaft in Arbeitsleute und Kriegsleute abgeteilt. ›Und man bauet daselbst eine Stadt und eine erdene Mauer eines halben Spieß Länge hoch darum, und ein stark Haus für unsern Obersten, die Stadtmauer breit drei Schuh, und was man alles bauet, das fiel alles wieder ein, denn das Volk hatte nicht zu essen, starb vor Hunger, hatten also große Armut.‹

Die Not wurde derart, ›daß weder Katzen noch Mäuse, Schlangen noch ander Ungeziefer nit genug vorhanden waren zur Ersättigung des großen jämmerlichen Hungers und unaussprechlicher Armut, auch Schuh und Leder, es mußt alles geessen sein.‹ Drei Spanier hatten ein Roß gestohlen und heimlich verzehrt. Durch die Folter zum Geständnis gezwungen, wurden sie alle drei gehenkt. ›Auf die Nacht sind andere Spanier zu diesen dreien Gehenkten zum Galgen kommen und haben ihnen die Schenkel abgehaut und Stücke Fleisch aus ihnen geschnitten zur Ersättigung ihres Hungers. Item ein Spanier aß seinen Bruder, der da gestorben war in der Stadt Buenos Aires.‹«

In dieser Not »sandte Mendoza den Hauptmann Luján mit 7 Fahrzeugen und 350 Mann stromaufwärts, Lebensmittel von den Indianern zu holen; aber diese verbrannten ihre Wohnstätten und Lebensmittel und flohen davon, so daß Luján ohne jeden Erfolg umkehren mußte, nachdem er die Hälfte seiner Leute durch Hunger verloren.

Da, es war am 27. Dezember 1536, erschienen plötzlich 23 000 Indianer von den Stämmen der Kerandís, Guaranís, Charrúas und Chaná Timbús vor der Stadt, schossen mit brennenden Pfeilen die strohgedeckten Lehmhütten in Brand und liefen Sturm gegen die Stadt. Es gelang ihnen sogar, vier Schiffe, die eine Meile vom Ufer vor Anker lagen, in Brand zu schießen, so daß sie von der bestürzten Besatzung verlassen werden mußten. Erst als die Schiffskanonen gegen sie abgefeuert wurden, zogen sie ab, nachdem sie dreißig Europäer erschlagen.

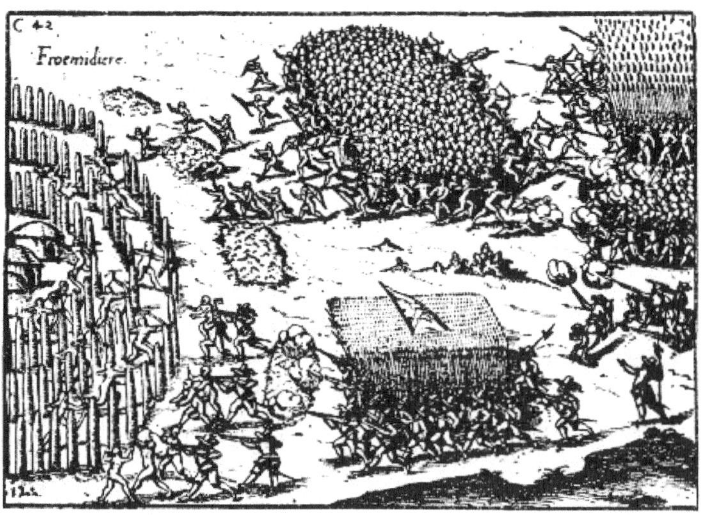

Kampf gegen die Carios in Paraguay nach Alvar Nuñez Absetzung (1546).

Daraufhin wurde beschlossen, die Unglückstätte zu verlassen. Mendoza übergab den Oberbefehl dem Don Juan Ayolas, der eine Musterung hielt, wobei sich von den 2500 Mann nur mehr 560 am Leben erwiesen, alle übrigen waren durch Hunger umgekommen! Ayolas ließ 180 bei den vier großen Schiffen unter Juan Romero mit Proviant zurück, er selbst und mit ihm Mendoza fuhr auf Brigantinen 84 Meilen weit den Strom hinauf zu den Timbús .... in den Flecken der Indianer, den sie Buena Esperanza hießen.

Vier Jahre lang blieben sie in Buena Esperanza, also von 1536 bis etwa 1539; während dieser Zeit beschloß Mendoza, der vor Schwachheit weder Hände noch Füße rühren konnte und wohl am Erfolge der Unternehmung gänzlich verzweifelte, nach Spanien heimzukehren. Mit zwei Schiffen und 50 Mann trat er die Rückfahrt an, aber ungefähr auf halbem Weg ›da griff ihn Gott der Allmächtige an, daß er armselig starb, Gott sei ihm gnädig!‹«.

Absichtlich haben wir die ältesten Vorgänge etwas ausführlich gehalten, da sie sich in Buenos Aires abspielten und uns am meisten interessieren. Nun müssen wir uns kürzer fassen.

Ayolas, der in Buena Esperanza geblieben war, was auch Corpus Christi genannt wurde und nicht weit von jenem früheren Fort Sancti Spiritus lag, fuhr auf Mendozas Befehl den Paraná und Paraguay herauf bis zum 21° s. Br., überall von den Indianern freundlich aufgenommen und mit Lebensmitteln unterstützt; hier ließ er Domingo Martínez de Irala zurück, der auf ihn warten sollte, während er selber nach Westen zur »Sierra de la Plata« aufbrach, geführt von einem Indianer, der ehemals jenem früher erwähnten Alejo García gedient hatte. Mendoza, der damals noch in Buenos Aires weilte, schickte den Juan de Salazar aus, um Nachrichten den Ayolas betr. einzuholen. Salazar traf auch den wartenden Irala und kehrte wieder flußabwärts zurück und auf der Heimreise gründete er am 15. August 1537 neben dem Indianerdorfe Lambaré ein Fort, genannt Nuestra Señora de Asunción. Hier ließ er einige dreißig Mann und reiste zurück nach Buenos Aires, wo er den Mendoza nicht mehr antraf. Die folgenden Monate vergingen mit Hin- und Herreisen zwischen Buenos Aires, Corpus Christi und Asunción; Irala wartete unterdessen immer noch auf Ayolas.

Ende des folgenden Jahres (1538) kam aus Spanien ein Gesandter mit der Nachricht vom Tode Mendozas und dem Auftrage, die Conquistadores sollten selber einen Führer wählen, falls Mendoza vor seiner Abreise keinen solchen ernannt hätte. In Asunción vereinigten sich nun die hauptsächlichsten Persönlichkeiten; es kam auch Irala herunter und zeigte eine von Ayolas ausgestellte Vollmacht, wonach ihm die gleichen Befugnisse zuerkannt wurden, die er selber besaß (Juni 1539). Alle mußten ihn daraufhin als Führer anerkennen.

Kampf gegen die Maigenos auf Iralas Zug nach Perú (1548).

Irala kehrte nun wieder auf seinen Warteposten weiter nordwärts zurück und erfuhr schließlich das Schicksal des Ayolas: der war wirklich bis zur Sierra de la Plata gelangt und hatte Reichtümer erbeutet, wurde aber auf der Rückkehr von den Payaguás überfallen und mit allen seinen 120 Leuten niedergemacht. Irala kehrte nun nach Asunción zurück und beschäftigte sich mit administrativen Angelegenheiten; um seine Besatzung zu verstärken, reiste er nach Buenos Aires und hob die dortige Niederlassung auf, da auch die Zerstörung des Forts Corpus Christi durch die Indianer eine kritische Lage geschaffen hatte; ein Schiff, welches er nach Santa Catalina sandte, um neue Lebensmittel zu holen, scheitert, Schmidel wird aber glücklich gerettet. Irala nahm nun die ganze Mannschaft nach Asunción, wo er seinen Kommandoposten bis zur Ankunft des Alvar Núñez Cabeza de Vaca inne behielt; Buenos Aires wurde also fünf Jahre nach seiner ersten Gründung aufgegeben (Mai 1541).

Alvar Núñez, in Spanien zum Oberbefehlshaber der La Plata-Länder ernannt, reiste November 1540 von Cadix mit vier Schiffen und 400 Soldaten ab. Im März 1541 kam er in Santa Catalina an der brasilianischen Küste an und sandte von hier aus seinen Neffen zu Schiff nach Asunción, während er selber dorthin über Land zog, wie zuerst Alejo García. In Asunción übernahm er das Kommando; den Irala sandte er flußaufwärts zur Erforschung des Landes und ackerbautreibender Stämme; nach dessen Rückkehr unternahm er selber einen Zug nach Perú, mußte aber auf Anraten seiner Offiziere und durch Krankheit genötigt wieder umkehren. Darauf sendet er eine kleine Schar unter Befehl des Hernando Rivero den Paraguay weiter hinauf, die Expedition kehrte auch goldbeladen glücklich zurück. In Asunción hatte sich inzwischen eine Strömung gegen Núñez gebildet; zwischen seinen und des Irala Anhängern kam es zur Revolution, die damit endete, daß Alvar Núñez gefangen und jener zum Oberbefehlshaber ernannt wurde (April 1544). Nach zehnmonatlicher Haft wurde er nach Spanien zurückgeschickt und dort zu Verbannung verurteilt, erhielt aber später seine Rechtfertigung wieder. Die Unruhen zwischen den beiden Parteien dauerten in Asunción noch länger fort. Die Indianer benutzen die Gelegenheit zu Überfällen und Irala hat viel damit zu tun. Nach Herstellung der Ruhe beschließt er gleich seinem Vorgänger das Silberland aufzusuchen; er reist mit einer starken Schar Spanier und Indianer Paraguay aufwärts bis San Fernando, läßt hier bei den Schiffen eine Bedeckungsmannschaft mit Proviant für zwei Jahre zurück und zieht landeinwärts weiter. Sie treffen mit den verschiedensten Indianerstämmen zusammen, die Schmidel alle nennt; der bei den Paresís herrschende Wassermangel macht bei dem einzigen Brunnen eine Wache nötig, welche Schmidel übertragen wird. Die Entscheidung des Loses, welches jetzt befragt wird, fällt auf Weitermarsch; das geschieht auch, aber Landboten des Vizekönigs von Perú, de La Gasca, der eben den Pizarro hatte hinrichten lassen, verbieten den Weiterzug, und auch eine Gesandtschaft, die Irala nach Lima sandte, richtet nichts aus! (Wie doch schon zu Beginn der spanischen Kolonialherrschaft der Keim ihres Zerfalles zu finden ist!) Irala kehrt also auf dem gleichen Wege wieder um und gelangt nach anderthalbjähriger Abwesenheit wieder zur Schiffsstation San Fernando, wo er die Usurpation des Abrigo vernimmt. Dieser hatte sich in der Zwischenzeit zum Oberbefehlshaber aufgeworfen, da er der Meinung war, Iralas Unternehmen sei in gleicher Weise gescheitert wie das des Ayolas; den von Irala zum Befehlshaber von Asunción ernannten Francisco Mendoza, der ihm die Anerkennung versagte, hatte Abrigo hinrichten lassen. Irala belagerte nun Asunción, da sich aber bald der größere Teil der Besatzung für ihn erklärte, so flüchtet der Empörer mit 50 Mann in die Wälder und es beginnt ein zweijähriger Kriegszustand, der mit einem »Convenio« endet.

Untergang des Schiffes, auf welchem Schmidel reisen wollte, bei Cadiz 1554.

Zu dieser Zeit erhielt Schmidel, der alle diese Vorgänge miterlebt, einen Brief seines Bruders, der ihn zur Heimkehr bewog. Irala läßt ihn ungern ziehen und beauftragt ihn, ein Schreiben für die Casa de las Indias mitzunehmen. In der Beschreibung von Schmidels Leben haben wir seine weiteren Schicksale schon behandelt: er reist über Land an die brasilianische Küste, von hier nach Spanien, richtet seinen Auftrag aus und gelangt glücklich wieder in seine Heimatstadt Straubing. –

Schluß.

Die »Warhafftige und liebliche Beschreibung etlicher furnemen Indianischen Landschafften und Insulen, die vormals in keiner Chronicken gedacht, und erstlich in der Schiffart Ulrici Schmidts von Straubingen, mit großer gefahr erkundigt, und von ihm selber auffs fleissigst beschrieben und dargethan« (zum ersten Mal gedruckt Frankfurt a. M. 1567) wird von den Geschichtschreibern hochgeschätzt. Wir kennen etwa 20 verschiedene Ausgaben; übersetzt wurde sie schon sehr früh ins Lateinische, später ins Holländische, Französische, Englische, Spanische. Letztere Übersetzung, von 1742, wurde 1836 von Angelis in seiner berühmten Sammlung in Buenos Aires wieder aufgenommen, welche 1901 zum Teil neu gedruckt wurde. Ich beschränke mich auf die Wiedergabe argentinischer Urteile über ihn. Azara Ende des 18. Jahrhunderts nennt das Buch »la mas puntual de todas las historias antiguas en las situaciones y distancias de los lugares y naciones que describe«. Angelis bezeichnet es als »das erste Denkmal unserer Geschichte und die einzige Quelle, aus der alle die schöpfen müssen, welche die ersten Schritte der Europäer in diesen fernen Gegenden verfolgen wollen«; den Verfasser charakterisiert er als den »escritor mas circunspecto de su época«.

Pelliza in seiner Schmidelausgabe, welche 1881 in Buenos Aires erschien, nennt ihn einen »hombre de admirable fortaleza de ánimo y de no vulgar inteligencia«, »prudente y valeroso en toda la série de campañas«; »su libro contiene las primeras y mas exactas noticias que se han consignado sobre la colonización de esta parte de América«.

Im Jahre 1891 erschien zu London eine englische Übersetzung, besorgt für die Hakluyt Society von dem dortigen argentinischen Gesandten Luis L. Dominguez. In einem prächtigen Foliowerke hat im Jahre 1890 der berühmte General Mitre Schmidels Verdienste hervorgehoben. Er nennt ihn einen »observador atento y tranquilo de la naturaleza, sin imaginación y despreocupado« ... »narra seca y concisamente los hechos, establece las fechas, determina las distancias, describe lo que ve como comprende, sin ornamentos de estilo ni divagaciones«, und regt eine mustergültige spanische Ausgabe an. Dies geschieht denn auch im Jahre 1903; die Junta de Historia y Numismática Americana zu Buenos Aires gab sie als ersten Band ihrer Veröffentlichungen in wundervoller Ausstattung heraus, reichlich kommentiert und beleuchtet von Lafone Quevedo; befriedigt schreibt dieser am Schlusse seiner Arbeit: »Se ha llegado al fin de la tarea .... si nos faltase nuestro U l r i c o F a b r o , ello dejaría un vacío irreparable entre las crónicas de su época«.

Ja, Schmidels Wertschätzung geht in Argentinien noch weiter. Im Jahre 1906 legte der argentinische Statistiker Carrasco der schon genannten Junta den

Entwurf zu einem Wettbewerbe für ein Denkmal vor, das den Gründern der Stadt Buenos Aires gewidmet werden sollte. Auf der Westseite sollte Schmidels Medaillonbildnis eingelassen sein mit der Überschrift: »A la memoria de Ulrich Schmidel, Primer historiador del Rio de la Plata, 1535 bis 1555.« Wenn auch der Plan damals nicht zur Ausführung gelangte, so ist er doch für Schmidels Wertschätzung in argentinischen Kreisen bezeichnend.

Verfasser dieser Broschüre hat als Titelbild jene »Contrafactur Ulrich Schmidels« wiedergegeben, welche sich in der lateinischen Ausgabe, veranstaltet von Hulsius im Jahre 1599, findet; desgleichen hat er im Texte die alten Stiche jener Ausgabe reproduziert; obgleich nur als Buchschmuck bestimmt, versetzen sie in den Geist jener Zeiten, namentlich wenn man den deutschen Originaltext liest, wie er nun durch Mondschein und Langmantel zugänglich gemacht und auf allen größeren Bibliotheken zu finden ist.

Die sympathische Figur unseres Ulrich Schmidel wird gewiß das hohe Interesse seiner Landsleute erregen.

La Plata, Museum, Oktober 1909.

ROBERT LEHMANN-NITSCHE.

Verzeichnis der Literatur

nach welcher der historische Teil dieser Broschüre, zum Teil in wörtlicher Übersetzung, zusammengestellt ist.

Carrasco, Monumento á los fundadores de la ciudad de Buenos Aires. Bases para el concurso artístico. Buenos Aires 1906.

Dominguez, La Sierra de la Plata. Asunción 1904.

Fregeiro, Juan Díaz de Solís y el descubrimiento del Río de la Plata. Buenos Aires 1879.

Kohl, Geschichte der Entdeckungsreisen und Schifffahrten zur Magallan's-Straße und zu den ihr benachbarten Ländern und Meeren. Berlin 1877. (Auch in Zeitschrift der Gesellschaft für Erdkunde, Bd. 11, erschienen.)

Lafone Quevedo, El »Sebastián Gaboto« de Henry Harrisse. Boletín del Instituto Geográfico Argentino, XIX, 1898–1899.

Lafone Quevedo, Schmidl. Rectificaciones al »Estudio Crítico sobre la Historia y Descubrimiento del Rio de la Plata y Paraguay« del Dr. M. Dominguez. Revista del Instituto Paraguayo, No. 29, 1901.

Lafone Quevedo, Juan Díaz de Solís. Estudio histórico. Zeitschrift »Historia« (Buenos Aires), I, 1903.

Langmantel, Ulrich Schmidels Reise nach Südamerika in den Jahren 1534 bis 1554. Nach der Münchener Handschrift herausgegeben. Tübingen 1889.

Larrouy, Los orígenes de Buenos Aires (1536–1580). Revista de la Universidad de Buenos Aires, III, 1905.

Larrouy, La Historia argentina .... por Carlos Cánepa, 7. Aufl. Buenos Aires 1908.

Madero, Historia del Puerto de Buenos Aires. Buenos Aires 1892.

Mondschein, Ulrich Schmidel von Straubing und seine Reisebeschreibung. Beilage zum Jahresberichte der Königl. Realschule Straubing pro 1880/81. Straubing 1881.

Mondschein, Ulrich Schmidels Reise nach Südamerika in den Jahren 1534 bis 1554, nach der Stuttgarter Handschrift herausgegeben. Programm zum Jahresberichte der K. Realschule Straubing für 1892/93. Straubing 1893.

Outes, El primer establecimiento español en el territorio argentino. Noticia histórico-geográfica (1527–1902). Buenos Aires 1902.

Schmidel, Historia y descubrimiento del Rio de La Plata y Paraguay. Con una introducción y observaciones críticas por M. A. P(elliza). Buenos Aires 1881.

Schmidel, Viaje al Rio de la Plata (1534–1554). Notas bibliográficas y biográficas por Bartolomé Mitre. Prólogo, traducción y anotaciones por Samuel A. Lafone Quevedo. Biblioteca de la Junta de Historia y Numismática Americana, Tomo I, Buenos Aires 1903.